ZBIRKA KLJUČEVI

Urednik
JOVICA AĆIN

Recenzent
VLADIMIR GVOZDEN

Crtež na prvoj strani korica
DIMITRIJE POPOVIĆ

JOVANKA NIKOLIĆ

IZVESNI PERIODI U STO FRAGMENATA

RAD

DECEMBAR

I

Posle svih svanuća, evo me opet na pragu tvoga grada. Dan putuje kroz ledenu kišu decembra i kao iscepan dečiji zmaj pada do nedohvata. Možda ću pre nego što odem stići da odmorim ruke u tvojoj kosi i da srca stisnutog i punog kiše prebolim ove dane. I dok vetar klizi bulevarima i po drveću se plete, govorim ti kao prvi put i gubim se, kao prvi put u ovoj ljubavi starijoj od mene. Zašto mi sva ta ljubav dolazi baš sada kada su i kiše pobegle u sebe?! Možda sam ti potreban? Sluteći te nekako čudno, trčim u susret svojoj zabludi i osećam, kao nikada, da će me ta žarka slutnja izneveriti.

Ne znam šta se one noći dogodilo sa vetrom, ali sam stajao ispred tvojih vrata voleći te tajno. Spavaj mi mirno. S pramenom sna na čelu ostavljam te, u decembru što je već pao za mnom.

II

Kad je moj prijatelj, jednog vlažnog dana napisao prethodnu priču, a to je bilo pre više godina, otišao je u SIZ za zapošljavanje i zamolio čuvenog učitelja demagogije da ga primi da izučava zen. Učitelj je pristao, ali mu je skrenuo pažnju da je tristoti po redu. To nije obeshrabrilo mog prijatelja; zauzeo je mesto pored vrata i počeo da meditira. Posle pet godina upornog meditiranja, učitelj se pojavio pred svojim sledbenicima obrativši im se pitanjem: „Ono što je gore – to je i dole, ono što je levo – to je i desno, ono što je ispred – to je i iza, šta je TO?“ Moj prijatelj razmisli, polako ustade sa svog mesta, odvali nogu stolice i udari učitelja po glavi. Ovaj se u momentu prosvetli i sav radostan odjuri u susedni grad da svojoj ćerki saopšti da je batina iz raja izišla. Usput je svratio u „Borovo“ da kupi kaljače, jer je bio decembar i kiša je neprekidno padala, padala.

III

Ako i dalje bude padala istim tempom, moraće da se izjasni. Ali sivilo poprima svetlije tonove i to možda znači izlazak? Izlazak čega? Izlazak iz čega? Izlazi iz ruku svojih predaka i postaje varljiv kao ova zima. Umotava se u hladnoću kao u foliju, dok prolaznik nezadovoljno gazi po pločniku. „NE GAZI RASTINJE“ – čita naglas staru tablu pobodenu u zemlju. Staje. Čudi se tom natpisu i gleda u sparušenu travu što proviruje iz blata...

– Okopnilo je? – prenut i osvrnut spusti pogled na svoje vlažne cipele. Kiša je prešla u rominjanje. Glas se zaklonio iza zavese, a naslućeni pogled je nestao iza krovova. Ko je danas kriv? Možda je ipak neko drugi ispisao tu tablu? Zatvorio je oči i zaustavio dah. To je ukupno trajalo jedan minut. Šljap, šljap... Od njegovih stopala do njegovih cipela prostiralo se samo parče cementa, zemlje i betona.

IV

Rominjanje je preraslo u susnežicu. Vergil je konačno oplovio vlažno sivilo ulica. Nojeva barka je uz škripu kočnica zamakla iza ugla. Neko je na petom spratu uključio televizor. Iz gomile cigala i naseljenih zgarišta bljesnuo je trg sv. Marka obasjan reflektorima na prvom, drugom i trećem kanalu. TOMO, SNEG NIKAD NIJE PAO!? Podigao je kragnu i zagazio u vodu. U ušima se počeo nagomilavati vazduh: „Ono što nas vezuje je oblik nepromenjenog. U prozorske nozdrve zabadaju se čiode zablude. Hladna zima, tmasta jesen. Jedinstveno se preobražava, nepromenljivo: sve teče itd“.

V

Kišu je smenjivao sneg, sneg je smenjivala lapavica, a ledena ogledala postajala su raskvašene kaljuge... Koliko puta je zagazio u blato? Koliko puta je podigao okovratnik? Koliko puta je udahnuo beličaste iglice jeseni i zime? Koliko puta je odustajao. Ogrnut decembrom s kišobranom u ruci prišao je prozoru i razmaknuo zavesu. Idu lepši dani.

VI

Niko više nije verovao da će se ta iluzija ostvariti. Osim onih koji su je stvorili. I naredni dan bio je sličan.

VII

Muzika je treštala nedelju dana.

VIII

Ja ću ti ispričati priču – dopro je glas muškarca iz susedne sobe, dok kiša bude padala i dok snegovi budu škripali ispod naših stopala. Sunce će se smešiti zimskim zubima iza oblaka, a ti ćeš me preklinjati da se vratiš i moliti me da te pustim da odeš. I niko nam neće verovati osim onih koji su to učinili.

7

IX

Otići ću i videću pesmu.

X

Bila je neophodna, a ipak nije htela... Ta lapavica, ta susnežica, ta kiša, ta rominjanja, ti snegovi i sve te senke okačene o dovratke kuća. Ogledalo večeri njihalo se ispod uličnih svetiljki i bacalo odsjaj na njihova bleda lica. Vrata raja i vrata pakla bila su zatvorena. Mogućnost izbavljenja bila je isključena. PRIMAMO! To viđenje i to slušanje. Pokreni se u praznini zvuka i zatvori oči. Tvoja brzina i moja sporost. Posle ćemo o tome govoriti. Možda onima koji o nama ništa nisu ni znali ni čuli. Pritaji se u priči i tišini budućeg prostora – postajemo deo moždane slikovnice.

XI

Nije znao zašto, ali toga dana kada je sneg padao lanjskim pahuljama i kada je vetar kopnio na njegovim promrzlim ramenima, iznova je spoznao san u svom tom sluhu i svom tom vidu, kroz sva ta viđenja i sva ta slušanja. Da je znao šta će se za sve to vreme dogoditi, otišao bi ranije. Ovako, ono je sada tu, promiče kroz njegova pluća, ne zastaje, ne govori, ne sluša i ne gleda. Verovatno razmišlja o svemu.

XII

Grane su se povile pod težinom napadalog snega. I mada je veče bilo previše hladno, usudio se da izađe napolje. Koje to ptice tako glasno pevaju u sedam uveče? Pogledao je u pravcu drveća, ali osim svetlucave beline ničeg nije bilo. Uvukavši se u sopstveno biće kao u staru iluziju, nastavio je da korača u istom pravcu. Magličasti dah jeseni razlagao je nerazumljive reči.

ISKUŠENJE

XIII

Već duže vreme je to iskušenje nosio u sebi. On više nije bio on, a ona je bila uvek neko drugi. Ali ako on više nije bio on, a ona je bila uvek neko drugi, a da je on pri tom morao izdati zbog nje, tada ona nikako nije mogla znati da je to bio on, već ona, i da nije mogla da se seti da li on još postoji i koliko je posle svega njeno prisustvo u njemu bilo neophodno. Koliko je ta iluzija bila vredna pažnje? Ubrzao je korak i zamakao iza ugla. Sa krova je za njim pala gromada snega. Niz njegova ramena skotrljala se grudva večeri.

XIV

U toj dugoj ulici nažalost nije bilo ničega. Moraće da se vrati.

XV

Kupujući *Večernje novosti* na um mu je pala jedna sufistička misao: „Još mi se nije dogodilo da nekog nisam naučio da barata lukom i strelom, a da me kasnije nije upotrebio kao metu".

XVI

Iznenada je iz obližnje kapije istrčala grupa dece i glasno se smejući odjurila u grudvalište. Kroz rešetka-

stu ogradu dopirala su njihova ruganja, preklinjanja, ci-
ka i vriska... Zašto im je sve to potrebno?

XVII

Oko i pored ovog grada izraslo je bezbrojno drveće.
Glavni put ide okolo. Sporednim se stiže brže. Onaj da-
lji je za one koji znaju da se na vreme predomisle.
– Odabrao sam bolji.

XVIII

Išao sam da se ubijem.

TAKO SAM TE VOLEO

XIX

Nisam znao da će ga toliko ražalostiti moj odlazak, jer kad sam se vratio, njega više nije bilo. Očigledno da sam duže izbivao nego što je dozvoljavalo naše prijateljstvo i njegovo strpljenje. Odložio sam kaput koji je još odisao kafanskim mirisima i počeo da sakupljam časopise. Ona je bila ja a ne on. Ili, izgleda da sam samo ja tako želeo?! Možda je ta čulnost ipak bila samo zbir metafora, prisutno nezadovoljstvo, potreba da se sve to ispod razapetog nebeskog šatora iskaže jednom rečju i jednim pogledom.

„Otišao sam“.

XX

Našavši se ponovo u gužvi, tražio sam njegov glas i njen lik, i kao pas tragač počeo da se provlačim između prolaznika. Više nisu padali ni sneg ni kiša. Mrzline su se topile pod težinom stopala. Vrane su svoja graktanja odnosile visoko iznad trapeza. Reči su popadale po trotoaru. Niko nije posegnuo za njima. Gde da odem? I gde da se vratim?

XXI

Zadubljen u sebe nije bio u stanju da se odvoji od tog utiska nastajanja i nestajanja. Prolaznosti i neprolaznosti. Kad god bi kiša prestala da pada, a lice zemlje se zgrčilo sivilom mrazeva, prepoznao bi uznemiravajući glas jeseni što nailazi sa komešanjem jutra i nestaje u mračnoj raspuklini večeri. Bio je potpuno siguran da ga je ugledao u odbljesku izložnog stakla, čak da su se prepoznali, ali dodir njene mišice bio je prisutniji i stvarniji. Osvrnuo se. Ona je već zamicala iza ugla. Ako bi požurio verovatno bi je stigao do sledećeg semafora? Imalo bi smisla ponovo se sresti i ispričati se, svratiti negde na piće ili je pozvati... Ona je prešla ulicu i ušla u prvi taxi. Neće ispasti smešan ako za njom portči. Treba samo još da se usudi. Zašto je postao lenj i ima li uopšte još smisla u njegovom htenju i njenim dodirima? Nem i gluv stajao je pored izloga ne usuđujući se.

I kao da nikada ništa nije smeo i nikada nije mogao!

XXII

Kada budeš prešao ulicu i kada budeš pritisnuo zvono na interfonu, kada se osvrneš i kada se popneš do svoje sobe, ispričaću ti priču s krajem i početkom.

XXIII

...Dok se zgusnu i spuste oblaci...

XXIV

Danima je odlazio u istu ulicu, napuštajući svoju sobu i sva ta čamljenja, sumnje i pretpostavke, nadajući se da će ipak naći odgovor na pitanja koja su mu se nametala dok bi u polumraku uz upaljenju cigaretu i čašicu pića, dremljiv i omamljen boravio u letargijama svoje usamljenosti. Prošao je pored izložnog stakla i ušao u taxi: „On je bio ja, ali ne i ono što je u njegovim rukama!"

*

Da li si ikada bio nesrećan pre, za vreme ili posle toga – pitao je taksista zamičući iza ugla. Morao sam da viknem, podviknem, gurnem, odbacim, da bih mogao, da bih prihvatio, da bih imao... Unapred je bila osujećena strast namenjena drugačijem ishodu. Naglo je zaustavio vozilo. Platio mu je vožnju i izišao napolje.

XXV

To je ostalo tamo i tada, a ne sada i ovde. Pritisnuo je zvono na interfonu. Moraću da ti ispričam priču kada budem verovao da niko ne vidi, s krajem i početkom – dopro je glas iz zvučnika.
– Pomisli, kao da nam se sve to već dogodilo! Otključao je vrata i ušao unutra.

XXVI

Da, ali ne – odzvanjali su njegovi koraci dok se penjao uz stepenice. Ona je ležala na krevetu, prekrštenih nogu i ruku sklopljenih kao da se moli. U toj kosmičkoj paraboli, sažetoj lakoćom povratka, nestajala je u kretanju ravnomernog disanja, pomerajući senke večeri ka rubu svoje haljine. Nije upalio svetlo. Prišao je prozoru i navukao zastore. Same reči su odredile ritam kretanja. – Neću moći da se vratim! Neko je na drugom mestu učinio sve ono što nije trebalo učiniti. Legao je pored i zaklopio oči.

XXVII

Zašto mislite da su svi ljudi, kada su jedni pored drugih prepuni mržnje i netrpeljivosti – pitala je kupca prodavačica večernjih novina, uputivši ponovo pogled prema ulazu u kafić. Posmatrala je dva muškarca kako se svađaju i prepiru. – Ne mislim – odgovori kupac sa sigurnošću. U tom je treći izišao iz kafića i jednog od one dvojice, koji se činio manje ljutit i više nedokazan, uhvatio za mišicu i poveo unutra: – Kako sam vas voleo kada sam vas voleo? Kako me se sećaš – tako sam te voleo!

UPALILO SE SVETLO

XXVIII

Nije znala da će svoju privrženost morati da iskazuje svakodnevnim vređanjima i odbacivanjem svega što mu se u zajedničkim trenucima činilo vrednim pažnje. Njen povratak je u njegov život uneo u isto vreme i spokojstvo i nezadovoljstvo. Više nije morao da je traži! Ona je bila tu a ne tamo. Priželjkivani susreti prerasli su u svađu i netrpeljivost. Koliko je moguće osloboditi se krivice postojanja i živeti sopstvene navike ne očekujući ništa. Od vrata i ključa načiniti cilj, pretvoriti neugodne povratke u prijatnost viđenja... Šta su još hteli? Upalio je svetlo i odložio kišobran. Ona je i dalje ležala na krevetu, prekrštenih nogu i ruku sklopljenih kao da se moli. Suton dana više nije bacao svoje senke na razmaknute zastore. – Bio sam samo loše volje. Ugasila je svetlo i ušla u mrak. „Osvanućemo beli.“

XXIX

I kao čovek koji je odavno pomiren sa svim onim što se već uveliko dogodilo, bez potrebe za novim suočenjima, ostajao bi u polumraku sobe crpeći nagomilana nezadovoljstva i iz njih izvlačio čestice mogućnosti u kojima je morao da opstane. Ležeći na leđima provlačio je svoje poglede kroz polumrak i razmaknute zastore. Ulicom su još uvek promicale senke sutona. UPALI SVETLA – odnekud, jeftina i ružna klovnovska muzika prodirala je između zidova. Naglo upaljeno svetlo ugušilo je blještavilom nadolazeću lakrdiju zvukova, a on, kao neko koga se više ništa nije ticalo, posegnuo je za flašom. Toliko je TO trajalo.

XXX

Kada sam izašao na ulicu i kada sam ušao u taksi i kada sam okupan škripom kočnica na prvoj prolećnoj kiši zamakao iza ugla, rekao sam ti sve što sam u tom trenutku mislio.

*

Tada je vozilo sasvim zamaklo, a ja sam pristao da me dotakne.

Ništa nisam više rekao. Ispričao sam ti priču s krajem i početkom! Ostalo nije bilo toliko zanimljivo.

XXXI

Sutradan je pozvao majstora da popravi interfon.

OSMEH

XXXII

Sedeo je prekoputa i govorio sporo, dugo i samouvereno. Zatim se zagledao negde u stranu i nasmešio. Pojavili su se pravilno raspoređeni zubi. Ovlaš ih je spustio na donju usnu i nastavio da gleda negde u daljinu. Zureći u tu belinu, osećala je kako se soba polako ispunjava vlažnim prolećnim mirisima, uspinjući se uz njene listove, kolena, bedra... Spustila je glavu i čvrsto stegla tašnu: – Zašto svaki uzrok mora da ima posledicu – pokušala je da misli, ali zubi su jedan po jedan napuštali svoja ležišta i prelazeći preko tepiha uvlačili se kroz očne duplje u njenu levu pretkomoru. Podigla je glavu. On je još uvek gledao negde u stranu. Nasmešila se. Gde će biti njegove misli kada se okrene?

XXXIII

Iako ništa nije izišlo iz sobe, nije primetio njeno prisustvo. Naviknut na sebe i svoje navike (kao što znaš nije bio toliko razdragan i toliko oduševljen kao ti sada posle vica ispričanog na programu radija) kao na pokrivač ili fotelju, razmišljao je da je ipak pozove. (Možda ovog puta neće imati potrebe da je uvredi). – Nikada joj to nisam učinio. Prišao je prekidaču i ugasio svetlo.

XXXIV

Sutrašnji dan je započeo negiranjem.

XXXV

Ništa mu nije bilo lakše i ništa mu nije bilo teže. Nije mu bilo svejedno što je otišla. Maltretirao ju je a ja nisam nikuda išao. Slušao sam cvrkut ptica, dok se vucarao od zida do zida paleći i gaseći svetlo, dan, noć i sve te sate koje je protraćio čekajući da ona preduzme sve ono što je sâm trebalo da učini. Nikada ti neću ispričati priču sa krajem i početkom.

*

Tvoj kraj je bio moj početak, a ona je volela njega a ne njegovu iluziju. Otići ću i videću pesmu, a ti ćeš sam i napušten čamiti u letargijama otrcanih večeri. Pošalji me nekud, pošalji me poštom, pošalji me glasom... Njen upućen glas je odavno pronašao mesto odjeka.

XXXVI

Bili smo oduvek samo bića različitosti!

ČEKAONICA

XXXVII

Ne moram da prođem kroz sve muke sveta – razmišljao je oslonjen laktom o naslon sedišta u čekaonici. Probadanje između rebara ga je na trenutak prikovalo za vazduh. Jedva dišući, raširenih očiju pokrenuo je glavu. Gledao je u muškarca i ženu kako se stojeći oslanjaju jedno o drugo. Nadao se da će moći da izdrži težinu ugledanog prizora i težinu oslonca. Poznavao ih je oboje. Ona mu je nešto poverljivo šaputala na uho kao da objašnjava, držeći se sve vreme za njegovu mišicu. Okrenuo je glavu – Koliko je sati – progovorio je. Da li je on ili čovek pored njega postavio to pitanje? Pogledao je u časovnik, a zatim ponovo u muškarca i ženu.

– Iz sopstvenog stida je prezirao – zaključila je žena. Sagradili su sve to pod čijim nebom i na čijoj zemlji? Čovek koji je sedeo bio je viši od čoveka koji je ležao, a čovek koji je stajao bio je viši i od čoveka koji je sedeo i od čoveka koji je ležao. Svojim rečima su ogradili vetar

*

i mada je sve bilo odlučeno, morali su da odluče... On nije postao alkoholičar jer su mučnina i glavobolja pobedile potrebu za većim količinama. Ipak je sebe najviše voleo – okrenula je leđa prozoru oslanjajući se na rub njegovog mantila – kao da smo sada tamo, a ne ovde? Nije odgovorio. Uto se autobus zaustavio, a on je, naglo preskočivši stepenice, požurio kući.

19

XXXVIII

Zatekao ju je kako sedi pored prozora pogleda uprtog u list puzavice. – Ne misliš li da je verovanje stvar onoga koji veruje, a ne onoga u koga se veruje – pitala je ne očekujući odgovor. Sve je više onih koji mogu da posmatraju. Posegnuo je rukom u džep... Doneo sam ti nešto! – Nije se okrenula. Na popodnevnoj svetlosti odrazio se njegov lik kao u ogledalu. „Odrazio se tuđim likom kao sopstvenim".

XXXIX

Celo popodne su vodili ljubav nemajući potrebe da bilo šta kažu, osim onoga što su rekli.

Detalji su bili prikazani na prvom, drugom i trećem kanalu.

MISLI

XL

I dok je vetar klizio bulevarima i po drveću se pleo, moj prijatelj je živeo svakodnevni život između dnevnih i noćnih obaveza i čamotinja, u kojima je uvek nalazio vremena da razmisli o sebi i svojim postupcima kao i da razluči odnose drugih ljudi prema njemu i njima samima. Mogao je od svega ponešto da iskusi. Da vidi, pročita, čuje, vrati se, svrati kući i pun utisaka zavuče u neki ugao razrešujući i ređajući sve ono na šta je imao prava između svojih i tuđih htenja, između svojih i tuđih potreba i da to okonča u nekoj svojoj beležnici jednostavnim rečenicama koje bi eventualno pretočio u pristojan članak, s krajem i početkom, i koji bi ona uspela da pročita (jednoga dana) na prepunoj stranici *nedeljnika*.

Ponesen takvim strastima brzo se latio posla. Upisao je nekoliko ubitačnih rečenica u beležnicu, stavio je u koverat i adresirao. Koliko će dugo morati da čeka, pitao se lepeći stranice. I da li će moći da se iskupi? Osećao je

*

teskobu zidova i prazninu napuštenog prostora. Samo je osećao i ništa više. Znao je da to nije dovoljno i počeo se stideti nadolazećih misli, nastojeći da odabere one najbolje. Svaka naredna ideja činila mu se besmislenijom i uzaludnijom. Vratio se prethodnoj.

Toliko usamljen i napušten nije se osećao ni u ulici u kojoj nije bilo ničega.

XLI

Misli su ga napustile kao da nisu ni postojale.

XLII

Ostavljen i sam, sažeo je emocije u nekoliko stranih izraza. Svuda oko njega padala je prašina neznanja. Bio je nezadovoljan i prazan.

XLIII

Stideo se. Stideo se jer ne može da voli?

XLIV

Od stida nije hteo nikuda da ode. Ostao je kod kuće. Duboko ga je nosio u sebi. Smatrao se nemoralnim. U stvari, to je bila samo najobičnija ljubomora. Dopuštao je da ga ponekad obuzme celog, izkazujući postojeće namere rumenilom. Stisnuo je šake u pesnice i duboko ih gurnuo na dno džepova. Bokseri su se pesničili do iznemoglosti, a muškarac i žena su žučno raspravljali. Zašto mu oduzimaju pravo svojim nezadovoljstvom i svojim strahom!? Golotinja njihovih tela i golotinja njihovih reči blještale su pod jakom svetlošću reflektora a pokreti prstiju stapali su se sa drvenim okvirima prozora. Kao da su pokušavali pobeći od svih istina i svih ružnoća? Udahnuo je punim plućima i protegnuo se. Podali su se sa mržnjom i netrpeljivošću! To je njihov problem, a ne njegov.

XLV

Prenoćili su, a on nije nikuda otišao. Za njom je ostala opora tišina uzglavlja. Dozvoliće da se njegova osećanja i njegove

*

misli sažmu u nekoliko slika i da se kao takve pretvore u frazu i potroše ispred sivo ofarbane prodavnice novina. Misli su i dalje vrzmajući se harale po sobi. Na otiraču ispred vrata neko je obrisao cipele, a zatim se glasno koračajući udaljio. Zvono na ulaznim vratima je zazvonilo, ali on nije ustao i nije otvorio. I nije se odazvao.

IZNEVERIO SAM SE

XLVI

Ko ga neće izneveriti? Izgustirali su se mada o tome nisi ništa čuo. A i da si čuo, pitanje je koliko bi mogao pomoći. Da je pristala na tvoje uslove morala bi da se odrekne svega što je čini onim što jeste, i da učini sve ono što je neko drugi učinio na nekom drugom mestu. On je kupio sendvič, a ona je stavila naočare. Rastali su se kao što su se i sreli, a ja ti kazujem samo ono što je doprlo do mene i pre i posle i kasnije. Više nije postojalo ni gluvo vreme ni gluvo doba. – Mi smo bili istočna obala istoka i zapadna obala zapada – rekla je, otišla i ostavila za sobom otvorena vrata.

XLVII

Moj prijatelj je jednog sličnog dana stavio tačku na slične događaje, posvećujući pažnju samo onome što je nadolazilo.

XLVIII

– Ja sam bila kriva.

XLIX

Na stolu je stajao spajač hartije, pored njega je stajala olovka, gumica i penkalo. Pored penkala je stajala lampa koja je stajala na stolu, a sto je bio pored prozora. Pokušaj razrešenja sukoba sa sobom, sa drugima. Sve se to dešava nekom drugom na nekom drugom mestu. Šta je on? Posmatrač događaja, prolaznik, inkasant sopstvenih iluzija, čovek koji zna i šta hoće i šta neće? Bliskost nepoznate osobe sa njegovom ženom i privrženost prijatelja kojeg je izneverio. Sve je to tačno. Istina koja odzvanja kao gvozdena lopta dobačena kosmičkim zahvatom ne njemu već nekom drugom, dosežući kakvoću sopstvene težine. Bio je prezasićen svime.

BILI SU

L

Ubio ga je. Dok je izmicala iz njegovih ruku klizeći toplinom preostalih namera. Iscrpljen i prepušten u vremenu prepodneva i podneva, intervalu iskazanog i ućutanog, utihnulosti i budnog gužvanja pokrivača pod kojim je posle ostvarenih čežnji ležao kao leš napušten u mrtvačnici. O tome su se čak pobrinuli i protagonisti repriziranog filma na TV-u. Isključio je na vreme. – Napolju pada kiša – vratila se brzo do kreveta i žurno uvukla pod pokrivač. „Imali su šumu, a mi smo bili drvo"! Okrenuo je leđa zidu gledajući je. Ona je znala da on zna da ona zna. Znala je sve što je hteo da kaže. Ustala je naginjući se preko njega, domašujući kutiju sa cigaretama. Zapalila je: „Bio je najobičniji klipan koji ništa nije tolerisao. Morala sam da ga molim da me pusti da odem i da ga preklinjem da se vratim. Činila sam sve to dok mi nije dosadilo, a onda sam otišla. Nije me nikad potražio a ja sam bila ti kao i sve ono što je bilo u tvojim rukama. Baviš se svim i svačim i nikad ne znaš ono što je potrebno"!

LI

Bila je najobičnija sebična žena koja se svađa.

PROLAZNIK I

LII

Našao je i ima. Ogledalo večeri okačeno ispod uličnih svetiljki i odsjaj snegova na njegovom bledom licu. Koliko će to trajati pitao je prodavca ulaznica u bioskopu. Biletar je slegao ramenima precrtavajući oznaku njegovog mesta na označenoj mapi. Kupio je kartu i izašao na ulicu. Sneg je prešao u kišu, kiša je prešla u rominjanje, a on je pretrčavši ulicu ušao u taxi. Taxi je uz škripu kočnica zamakao iza ugla, i prošavši pored prodavnica pojurio izvan grada.

LIII

Nije znao koliko je vremena izgubio u vožnji, ali ostatak puta do kuće prošao je pešice udišući svežinu noći i svežinu opranog asfalta.

LIV

Stajao je neko vreme ispred vrata razmišljajući da li da uđe ili ne. Kao prvi i poslednji. Na ulici nije bilo nikoga i mogao je bez žurbe i požurivanja da otključa vrata i uđe. Odustao je. Vratio je ključeve u džep i ne zabunivši se više produžio dalje, do šumarka, keja, nizvodno do mosta. Zeleni jezici talasa penili su ispod betonske konstrukcije. „Niko me nije zaštitio“. Hladnoća, koja je

dopirala iz šumarka i vode uvlačila se kroz svaku poru
na koži produžavajući agoniju udova ispod ukočene ode-
će. Vetar je počeo da duva jače, a glasovi su pronalazili
svoje mesto odjeka. Ostao je još neko vreme tako. „Le-
po je verovati u ono što se kaže“.

TMURNO JUTRO

LV

Po narodnom predanju jednoglava, troglava, sedmoglava ili devetoglava aždaja, beše ranjena od strane usamljenog i nesrećnog lovca, posle čega je pobegla u pećinu ispod grada i tu uginula. Po drugom ili trećem predanju, aždaja je živela na istom mestu (vlažnom i hladnom) u močvarnim tamnicama, gde bi eventualno zalutali lovac bio primoran da se bavi svakom njenom glavom pojedinačno. Ukoliko bi bio vešt, hrabar i otresit, on bi joj odjednom oduzeo sve tri glave, na čijem bi mestu tada izrastale još tri, ili četiri, ili šest ili pet. To bi ukupno bilo devet. Ali, ako bi se dogodilo da aždaja pobedi lovca, ubije ga i proždere, tada bi on bio proglašen grešnikom i svako ko bi bio grešan morao bi od nje da zazire i da se od nje sklanja, kako ne bi doživeo istu sudbinu. Aždaja se hranila najviše suncem, sunčevom toplotom i svetlošću, pogotovo ujutro, pa bi se svako tmurno i kišno jutro smatralo lošim početkom. Ustao je sa hladnog mesta i hodajući po vlažnoj travi odšetao do puteljka. Do njega su usput dopirala prva „kukurikanja" medijskih petlova.

LVI

Doneo je nešto – struk trave sa malo blata ulepljenim na đonovima i bolje raspoloženje. Žena je ležala na krevetu, dišući ravnomerno i neraspoloženo. Izgledala je kao da nešto sanja. Kiša je lila kao iz kabla, a njegova iluzija se našla na nekoj drugoj planeti. – Neću da razbijem svoj san o tome – pomislio je, ali je ona već bila budna. Između njenih prstiju dimovi cigarete ispisivali su proročke stihove pesnika, dok se ona koketno istezala i smešila. Na brzinu joj je ispričao doživljenu priču, ali mu ona nije predložila da nekud odu. Po običaju je spremila doručak, a zatim otišla u kupatilo. Ušao je za njom. Unutra su proveli dva sata. Napolju se odavno razdanilo.

LVII

I ne bi vredelo da je sve prodao, sve potrošio i sve proneverio. Sa svojih petnaest godina više, imala je dovoljno znanja i umešnosti da mu objasni da svet nije tako divan i krasan, a da on kao neko ko ima dovoljno vremena ispred sebe, može da sretne još nekog u životu i da sa njim započne nove odnose.

*

Stavljala je svetloplave minđuše na uši govoreći da će ga napustiti, a on je nastavljao započetu igru moleći je i preklinjući da ga ne ostavi i da bez nje ne može da živi. Ona se tome zadovoljno glasno smejala, a njihovi trenuci nežnosti ponovljeni su sa još više strasti i još više čežnje. Odgovarala mu je nametnuta igra odraslog infantilca i zrele žene koja svoju fatalnost rasipa po njegovoj nezrelosti i manje iskustvu. Glumio je Hemfri Bogarta a ona Lorin Bekol.

LVIII

Shvataš, imaju prava i to rade!

LIX

Dok ti sve ovo pričam imam na umu tvoj časovnik koji sam doneo sa popravke. Sajdžija nije hteo da ga po-

pravi, jer je previše star. Moraćeš da kupiš nov, inače,
ona je odavno sa svim svojim stvarima otišla na drugo
mesto.

LX

Ne sviđaš mi se više.

PRIJATELJ I KAZNA

LXI

Nisam hteo bolje! Do sledećeg semafora. U čeka-
onicama je bilo najsigurnije. Koliko-toliko mogao sam
da se zaštitim od spoljašnjeg sveta i sve te buke kojom
su bila propraćena komešanja i žagori uličnih skupova.
Ali to sada nije toliko važno. Drugi su imali potrebe da
budu na nekim drugim mestima a ne tamo gde sam bio
ja. – Zašto vas je napustio prijatelj – pitala je mušterija
na susednom sedištu. – Zato što je bio tuđ a ne moj –
odgovorio je taksista uključujući taksimetar.

LXII

Sačekao ga je sedeći u fotelji posl()živši se časicom
pića. Mada je prošlo dovoljno vremena od njihovog
poslednjeg viđenja i njegovog izneverenog dogovora,
obradovala su se obojica. – Ko će nas skinuti sa krsta –
progovorio je prvi odlažući mantil – i da li je Hrist bio
mudar čovek ili sebičan mazohist koji je pristao na žr-
tvu, kako bi neozleđenost svojih sledbenika doveo u
pitanje svojim mukama? Zlo se namnožilo više nego
što je potrebno!

*

– Namerno im je stvorio osećanje krivice, kako bi iz
pokušaja uhvatio dobačen kamen: – Nisam te pozvao –
okrenuo se licem prema njenom glasu i ugledao odsjaj

svog čela na senci popodnevne svetlosti. „Mrtvi su bili uvek dole a ne gore. Isuviše smo kažnjavani da bi pristali na još neku kaznu. Imali su potrebe da kažnjavaju, a ti si bio žrtva! Hoćete kafu?" Bez nagovora otišla je u kuhinju i skuvala kafu.

LXIII

Ja sam je doveo. Prvo se opirala i nije htela, a zatim je ipak pristala. Ako ti nećeš, ja ću je zaštititi. Od tebe, sebe i nje same. Ne mora da pristane na bolest i posledice koje su u poslednje vreme postale masovna pojava i najbolja zaštita od usamljenosti.

*

Reči imaju manje oštro sečivo. Ne moraš da izgubiš ništa da bi imao prava da imaš sve ono što ti je potrebno. Da li si o tome razmišljao? Čekao je. Ona nije donosila kafu. Nalio je sebi piće. Prijatelj je zatvorio odškrinuta vrata i vratio se u fotelju. Veče je kao paučinu plelo svoju mrežu između stvari.

LXIV

Kasnije su otišli u kafić.

PROLAZNIK II

LXV

Video ju je u odblesku stakla na izlogu dok je kupovao cigarete u obližnjoj trafici. Ako je onog dana imao šanse da se spase, sada je izbavljenje bilo potpuno nemoguće. Skoro su se sudarili nemajući kud, pristao je na novo suočenje, sa više prisebnosti i navike na odsutnost, udaljavanja i približavanja i stabilnost svojih osećanja u trenucima koje je hiljadu puta uspevao da sagleda i sebe ubedi u ispravnost svojih namera. Iako je u momentu sve „palo u vodu" uspeo je da je oslovi. Posle svega neko drugi bi kao najobičniji prolaznik izvinjavajući se prošao pored, praveći se da ne primećuje, produžio dalje i zadovoljno sve zaboravio. Ali prolaznik je umesto njega zamakao iza ugla dok je on objašnjavajući i pravdajući svoje prisustvo stajao naspram. Skinula je naočare i pogledala ga. Rastali su se malopre ispred prodavnice satova i bižuterije, odlazeći svako na svoju stranu, a ona ga je uhvativši za mišicu i govoreći nešto bezazleno povela u obližnju poslastičarnicu.

LXVI

Iscrpljivali su se u razgovoru, a njegova pritajena iščekivanja koja su sve više i više izbijala graškama znoja na čelu, topila su se kao iznenadne pahulje na unutrašnjosti izložnog stakla. PADA SNEG?! Udala se i otišla nekud daleko. Što manje očekuješ imaš manje mogućnosti da se razočaraš. Sažet u metaforu doživljenog napustio je poslastičarnicu. Bolje se pokupi i idi – oterao je upornog prosjaka prodavac kikirikija sa ulaznih vrata. Požurio je da ga niko ne vidi.

LXVII

Ja ću ti biti bolji – šaputao je glas iz interfona dok se lagano penjao uz stepenice. Snegovi će škripati ispod naših stopa a sunce će se smešiti zimskim zubima iza oblaka. Ti ćeš zasićen svime otići nekud daleko, a ja ću te dozivati da se vratiš i moliti te ponovo da odeš.

*

I sve nam se to već jednom dogodilo na nekom drugom mestu i u nekoj drugoj ulici.

LXVIII

Ona je platila račun i izašla za njim.

35

OTIĆI DALJE

LXIX

Trčali su između prolaznika, preskačući i zaustavljajući automobile. Na njihovim kožnim narukvicama zveckali su praporci gubeći se u buci ispaljenih hitaca. Njihova brzina i njegova sporost u zvucima tam-tama, preglednosti uličnog prostranstva i uskogrudosti skloništa iz kojeg nisu imali kud. Ishod je bio izvestan: „Moja krv i tvoja koža“. Bez izbavljenja i bez pobede. U prljavom koloseumu vadili su svoje oružje nastojeći da se odbrane od svega što je nadolazilo. Zauvek i potpuno. – Nikada neću odrasti, previše sam star za to – mladić je pao između prolaznika u trenutku svoje bezdušnosti, a neiznenađena gomila zatvorila je krug prepuštajući begunca njegovoj sudbini. Nije hteo to da vidi ni da doživi. Koliko je moguće otići nekud i da li je moguć povratak – razmišljao je dok se udaljavao od događaja kroz tunele zgusnutog vazduha, spirajući sa svojih ruku viđeno.

LXX

Kada čovek previše nekuda odlazi i dolazi, dođe u iskušenje da ili nikada više ne ode, ili da ode i da se nikada više ne vrati. Ukoliko bi pristao da i dalje odlazi i vraća se, bio bi primoran da živi između odlazaka i povrataka. Da li je moguće opstati na toj bivstvujućoj liniji [kraja i početka], zamki iz koje jedva uspeva da se iščupa? Nije li taj prostor samo privid za još jedno verovanje, mogućnost da se izbavi, odrazi, vine, nestane, a zatim ponovo pojavi među poznatima i ponaša kao da se ništa nije dogodilo.

Nastavio je put pešice potpuno stvaran, potpuno konkretan i potpuno vidljiv.

LXXI

Razmisli, zašto ti ne daju da odeš dalje?

TRAJANJE

LXXII

Imao je naviku da preživi, iako nije potpisao ugovor o uslovima i dužini sopstvenog življenja. Sa prilično vremena ispred, okrenut licem prema zidu nije morao nikud. Razmišljao je o trenutnom stanju i gledištu u kojem se nalazio. Trajao je. Bez uzbuđenja, bez nade, bez uspona i pada i bez svega što ga je dovelo u takvu situaciju. Jednostavno rečeno, ležao je i boravio.

Između sebe i svega što je prohujalo – izabrao je sebe.

LXXIII

Zbog nemogućnosti da pobegne bio je primoran da prihvati sve što mu je „padalo na pamet". Okrznut kratkim vremenskim razmakom, koji neki ljudi još uvek nazivaju trenutkom, zadržao je *izvesni period* propuštajući ga kao fluidnu paučinu između prstiju.

*

Rastočen u vremenu i izgubljen u njegovom prostranstvu, nastojao je da odredi ulogu i mesto svojih ostataka u budućem životu. U trajnom boravku sutona, senke su umnožavale prisustvo stvari do besmrtnosti. Ako je trajanje pripadalo sveukupnosti univerzuma, tog bića koje su neki priznavali kao jedinu merodavnost onoga što postoji, tada je njegovo bivanje svedeno na minimalnu česticu samo obično ništavilo, koje će *Uruci** jednoga dana kupiti po obližnjim ulicama i kafićima.

Zamišljen nad tim ostao je tako...

LXXIV

Doneo je odluku i ništa više.

---

* Uruci – ulična policija iz TV serije.

SUTRAŠNJI DAN

LXXV

Boraveći u neprekidnom delirijumu menjao je navike. Kupio je nov otirač ispred vrata, stalak s cvećem i jednog papagaja. Prodao stari nameštaj i kupio novi. Izbegao inkasanta za naplatu troškova, a majstoru koji popravlja interfon nije otvorio vrata. Postao je Juda i gotovo! Stvorio je sve to i ima svoj odnos prema njemu. Sve se podrazumevalo, ali s vremena na vreme, davano mu je do znanja da se ne podrazumeva, i da sve to ne mora da ima. Ako želi nešto da dobije mora nešto i da izgubi. – Nikada nisam izgubio – obavestio ga je glas iz interfona. – Kada će to biti – pitao je odgovor. –To je samo gubljenje vremena ili nova mogućnost da se preživi i opstane u svetu prepunom različitosti na koji smo pristali samo kao saučesnici, pokušavajući da se snađemo u dobro organizovanom haosu, živeći sopstveni i tuđ život. Kako se odrediti u onome što nailazi? Imao je svoje mesto, imao se i imao je. Koliko sve to o njemu misli. Koliko je sposobno da mu pomogne i da o njemu odlučuje. Koliko ono njega poseduje?

*

Ili će kao i do sada, boraveći u letargijama svoje usamljenosti morati o svemu ponovo da razmisli ON je samo tako hteo! Obuo je cipele, navukao mantil, uzeo rukavice i zaboravivši kišobran izišao na ulicu.

LXXVI

Nemam potrebe da se pravdam i nemam potrebe da sam „bolja“.

LXXVII

Ispričaćemo ti priču – graktale su vrane slećući na drveće. Vrapci će naglo uzleteti, kao malopre, ređajući se na dalekovodima, taxi će zakasniti pola sata, a tvoje raskvašene cipele će uporno upijati vodu.

Tako mu je prošao sutrašnji dan.

IZNAD OBLAKA – PROLAZNIK I II III

LXXVIII

Iznad zgusnutih i kišnih oblaka, kao jato lešinara kružili su sateliti kupeći kinestetičke viškove prolaznika. On je sedeo ispred televizijskog aparata gledajući šarenilo nadolazećih kadrova. Ona je u društvu muškarca stajala ispred prodavnice objašnjavajući mu. Poljubili su se i rastali.

LXXIX

Ušla je u prodavnicu. Znao je tačno koliko je dugo provela unutra. Kada je izašla, na sebi je imala novi mantil i lepu, bleštavu narukvicu sa časovnikom. Iz zgusnutih oblaka iznenada se spustio prolećni pljusak. Utrčala je u kafić zaklanjajući čelo rukom.

LXXX

– Ona je bila ja a ne on. Potpuno siguran u to nije hteo da odustane. Potrčao je za njom. Čak i kada je događaj bio dobro organizovan, dozvoljavao je sebi malo više pristrasnosti, ponesen sopstvenim zanosom i strastima, koje su još uvek znale da ga obuzmu i odvedu u prostore užitaka, prepuštajući ga atmosferi opijenosti, kojoj nije morao da se odupre.

LXXXI

Omamljen ugodnošću prišao joj je. Na obostrano zadovoljstvo kelner im je doneo kafu i oni su uz čiste i mirisne zvuke prolećne kiše nastavili razgovor.

LXXXII

Sve je bilo novo. I ulica i grad i travnjak i reka i most i osećanja. Ženu je prepoznao i našao.

LXXXIII

Previše je sudbinski – zakreštao je papagaj – i previše prepušteno toku događaja. Ometaju moje utiske – tumačio je scene. Hteo sam da promenim program, ali sam uveliko uvučen u njegova zbivanja, a i teško da bi se to moglo sa krilima. Otvorio mu je kavez i pustio ga da odleti.

LXXXIV

Imao je prava na takav događaj, na takav doživljaj, i na takav ugođaj.

LXXXV

Bio je samo predmet njene želje i ništa više.

LXXXVI

Plamen je svom snagom suknuo iz plinskog štednjaka. Skuvao je kafu i vratio se u sobu.

LXXXVII

Nije znao šta se one noći dogodilo s vetrom, ali on je stajao ispred njenih vrata voleći je tajno. Spavaj mirno – šaputao je glas iz isključenog televizora.

LXXXVIII

Sluteći je nekako čudno, iznova je žurio u susret svojoj zabludi i osećao kao nikada da ga ta topla slutnja ovoga puta neće izneveriti.

LXXXIX

Začas je otplovio nekud daleko i vratio se nazad. Na ulici su automobili sve gušće promicali odnoseći brujanjem motora zvuke potpetica nadzemnih prolaznika.

XC

Sve je bilo tačno i sve je bilo istina. I odustajanje i prihvatanje i smisao i besmisao i bivanje i ne-bivanje, približavanje i udaljavanje. Odbacivanje i uzimanje. Uzeo je olovku i beležnicu i sve zapisao.

XCI–C

Sve ono što nije rečeno zabeležio je neko drugi, na nekom drugom mestu.

* * *

Tada su sve to ponovili.
I mada je svaka naredna
godina bila drugačija
uspevali su da se dosegnu...
Uvlačili su se u mrak i bili
prisutni prepisujući ono
što je bilo nekada.

Išla sam pešice i
vozila se često taksijem.

Niz uglačano sivilo asfalta
kotrljala su se njihova šumorenja
odnoseći sa zidova
kuća poslednje
ostatke starosti. U
ostacima sutona
nestajala je agonija podvižnika.

Ali, neću o tome
prečesto da govorim.

Ići ću pešice i voziću se
ponekad taksijem. Slušaću
njihove odlaske i pustiti ih
da se raduju.
O tome ne treba
previše govoriti
zato što je to tako.

Kupiću papagaja i
plakaću za njim.

BELEŠKA O PISCU

Jovanka Nikolić, rođena je 16. decembra 1952. godine u Novom Sadu. Završila Višu pedagošku školu (fizičko vaspitanje) na Univerzitetu u Novom Sadu i Fakultet dramskih umetnosti (organizacija scenskih i kulturno-umetničkih delatnosti) na Univerzitetu u Beogradu.

Objavila knjigu poezije *Lepet* (Matica srpska, Novi Sad, 1980), knjigu kratkih proza *Menu* (Književna opština Vršac, 1985) i knjigu kratkih priča *Od predvečerja do praskozorja* (Književna opština Vršac, 1994).

Živi i radi u Novom Sadu.

SADRŽAJ

Jovanka Nikolić
IZVESNI PERIODI U STO FRAGMENATA

*

Glavni urednik
JOVICA AĆIN

*

Lektor
NADA GAJIĆ

*

Grafički urednik
DUŠAN VUJIĆ

*

Korektor
MIROSLAVA STOJKOVIĆ

*

Likovna oprema
ALJOŠA LAZOVIĆ

*

Izdavač
I. P. RAD, d. d.
Beograd, Dečanska 12

*

Za izdavača
ZORAN VUČIĆ

*

Priprema teksta
Grafički studio RAD

*

Štampa
Codex Comerce
Beograd

CIP Каталогизација у публикацији
Народна библиотека Србије, Београд

886.1-32

НИКОЛИЋ, Јованка

  Izvesni periodi u sto fragmenata : roman / Jovanka
Nikolić. – Beograd : Rad, 1997 (Beograd : Codex Co-
merce). – 50 str. ; 20 cm. – (Zbirka Ključevi)

Beleška o piscu: str. 47.
ISBN 86-09-00524-0

ID=57499212